I0204139

OSARIO

OSSUARY

Juan Paulo Huirimilla Oyarzo

Translated by

Carli Henman & Amado J. Láscar

Osario / Ossuary
Primera edición / First Edition: Septiembre de 2020

© Juan Paulo Huirimilla Oyarzo
© de esta edición / of this edition: El Sur es América, LLC

Editor: Amado J. Láscar
Asistente de edición: Luz Stella Mejía
Traductores: Carli Henman, María Postigo y Amado J. Láscar
Diseño de portada / Cover Design: Santiago Mosquera
Diagramación / Layout: Yue Dong
Retrato del Autor / Author's Portrait: Verónica Astudillo
Ilustración interior / Illustration: Leftraru Huirimilla

Library of Congress Control Number: 2020941246

ISBN - 978-1-7337337-5-5

Editorial El Sur es América, LLC
Virginia, EE.UU
ElSurEsAmerica@gmail.com
www.ElSurEsAmerica.com

Ñukekütxalwe, Madre Naturaleza

Leftraru Huirimilla

Contenido

Prólogo por Tomás Modesto Galán — 8

HOMBRE MUERTO   — 14

OSARIO   — 30

CIRCULAR   — 52

CORRIDO SIN ROSTRO   — 58

MEMORIA   — 60

Acerca del autor   — 66

Contents

Prologue by Tomas Modesto Galan   — 9

DEAD MAN   — 15

OSSUARY   — 31

CIRCULAR   — 53

CORRIDO WITHOUT FACE   — 59

MEMORY   — 61

About the Author   — 67

Osario, poética liberadora de Paulo Huirimilla Oyarzo

Por Tomás Modesto Galán

Aunque el diccionario de la RAE atestigua que osario viene del latín tardío *ossarium*, al agradecer los valiosos servicios semánticos de la RAE de la madre patria, confirmamos que tanto en las iglesias como en los cementerios, osario es un lugar destinado para reunir los huesos que se sacan de las sepulturas, a fin de volver a enterrar en ellas a otros. No importa, si no es la genealogía de una de las tantas masacres cometida por la dictadura chilena de 1973 a 1989. Poco importa, si la resignación de una sepultura cristiana no honró las cenizas de un forzozo auto exilio.

Osario es un poemario de 28 páginas, versión a doble espacio, compuesto en versos libres. Está dividido en las siguientes partes: Un poema introductorio, una continuación del poema como genealogía de los desaparecidos; Memoria, Circular, memoria de otros desaparecidos y Corrido sin rostro, otros desaparecidos del Chile Neoliberal. La lectura fluye entre la sencillez, la complejidad y la belleza de un lenguaje que no cesa de convidar el asombro. Este osario poético parece ser el destino de un mundo desechable. Estos muertos, cuya memoria rescata el poeta mapusungún, Paulo Huirimilla, no pudieron defenderse de aquel remanso lapidario y anónimo. Según este gran poema, lleno de Newen, caminamos hacia el

Ossuary, Libertarian Poetry By Paulo Huirimilla Oyarzo

By Tomás Modesto Galán

Translated by María Postigo

Although the RAE dictionary attests that ossuary comes from Late Latin *ossarium*, by acknowledging the valuable semantic services of the motherland's RAE, it is confirmed that both in churches and cemeteries, ossuary is a place destined to gather the bones that are removed from the graves, in order to bury others in them. It doesn't matter if it is not the genealogy of one of the many massacres committed by the 1973-1989 Chilean dictatorship. It matters little if the resignation of a Christian tomb did not honor the ashes of a self-imposed exile.

Ossuary is a 28-page collection of poems, double spaced, composed of free verses. It is divided into the following parts: An introductory poem, a continuation of the poem as a genealogy of the disappeared; Memory, Circular, memoir of the other disappeared and a faceless Corrido song, the others disappeared from Neoliberal Chile. The reading flows between the simplicity, complexity and beauty of a language that never ceases to invite wonder. This poetic ossuary seems to be the destiny of a disposable world. These deceased, whose memory is rescued by the Mapuche-Williche poet, Paulo Huirimilla, couldn't defend themselves against that lapidary and anonymous backwater. According to this great poem, filled with Newen, we walk towards the sanctuary of a global pla-

santuario de una peste global, sin un final predecible que salve el medio ambiente de otro apocalípsis menos bíblico.

Cuando abrí el texto por primera vez, me llamó mucho la atención la cita de Henri Michaux: Es preferible viajar con un hombre muerto, aunque hayan tantos en vida, sin un destino claro. La brújula poética orienta el sentido como un viaje hacia el origen de la libertad. Un origen destruido por una civilización deshumanizada. La hazaña del poemario estriba en este volver hacia atrás, para poder comprender el fin de la historia, como suerte de la humanidad. Es la historia del fugitivo que vuelve a desandar entre las genealogías y las migraciones de los desaparecidos, espectros forzados a dudar de la vida sedentaria de la muerte. Por fortuna, yo me atrevo a afirmar que el poema nos salva de la muerte como olvido impuesto.

La poética de Osario nos lleva por el sendero ridículo y nefasto de una película de terror de bandidos y vaqueros, de los llamados clásicos de Holywood, donde aquel rifle Winchester's Model 1866, siempre proclamó la justicia del colonialista, cebándose en un negro o en los atabales de una tienda indígena. Fue una industria creada para exportar la destrucción de las identidades de las culturas vencidas. Fue el campo de concentración de un genocidio más terrible que cualquier holocausto. El trayecto de regreso, a donde reposan los espíritus del antiguo habitat, se recrea como la ironía de una filmación al revés. El protagonista pone en evidencia lo que es *Osario*: Memoria, recuerdo, regreso y salvación de la utopía como la última posibilidad de redención del espíritu. Estamos leyendo el imaginario de una biografía socio histórica de alguien que se ha convertido en extranjero en su propia tierra. Es una lectura que desmonta la interpretación fallida y perversa del enemigo, el sombrío ranger criollo o la ficción de una narrativa del oeste norteamericano que está al servicio de un sistema de seguridad degradante.

gue, without a predictable ending that saves the environment from another less biblical apocalypse.

When I first opened the text, the Henri Michaux quote caught my attention: It is preferable not to travel with a dead man, even if there are so many in life, without a clear destination. The poetic compass guides meaning as a journey towards the origin of freedom. An origin destroyed by a dehumanized civilization. The feat of this collection of poems lies in this trip back in time, to be able to understand the end of history, as the fate of humanity. It is the story of the fugitive who goes back to retrace among the genealogies and migrations of the disappeared, specters forced to question death's sedentary life. Fortunately, I dare to affirm that the poem saves us from death as imposed oblivion.

The Ossuary poetics takes us down the ridiculous and disastrous path of a horror movie with outlaws and cowboys. The so-called Hollywood classics, where the Winchester Model 1866 always proclaimed the justice of a colonialist venting his range on a black man or in the back of an indigenous store. It was an industry created to export the destruction of the defeated culture's identity. It was the concentration camp of a more terrible genocide than any holocaust. The return journey, where the spirits of the old habitat rest, is recreated as the irony of a reverse filming. The main character highlights what *Ossuary* is: Memory, remembrance, return and salvation from utopia as the last possibility of redemption of the spirit. We are reading the stereotypical image of a socio-historical biography of someone who becomes a foreigner in his own land. It is the reading that dismantles the failed and perverse interpretation of the enemy, the grim Creole ranger or the fiction of a narrative of the Western that is at the service of a degrading security system.

He leído en varias ocasiones el texto en cuestión y desde la primera vez, sentí la emoción de la escritura del otro, el indígena, el nativo, el negro, el hombre de color, términos carentes de su peculiar significado porque se trata del colonizado, el relevo del amo, el que no tiene derecho a nombrarse, el que hace el trabajo esencial, el nombrado a través del Señor del lugar. Les arrancaron la marca original, cuya sombra vive en las cosas.

El poemario cobra las cuentas desde una cinematografía del oprimido que puede escribir la narrativa de los vencidos como victoria de la razón poética. No se trata del aliado, el personaje que huye y lo matan, o se rebela y corre la suerte de los cimarrones perdidos de la antigua colonia Hispaniola, paraíso perdido, convertido en patria o en lecho de una esperanza sospechosa. El protagonista es un hombre libre que escribe desde su propio código la tragedia de su pueblo. Es un exiliado que comete el pecado original de regresar al antiguo paraíso en busca de sus raíces mortuorias para exorcizar los demonios con un poema épico. El poeta, Juan Paulo Huirimilla Oyarso, ilumina la selva, el bosque desaparecido, los ríos. Ilumina el resultado del despojo como un desierto legado por la pos modernidad.

Saludo la publicación de este texto como el triunfo de una literatura alternativa que se escribe desde aquellos espacios donde la cultura del oprimido ha fracasado. Recomiendo la lectura de *Osario* porque inaugura otra dimensión de lo poético: Revela, seduce y contagia. La extrañeza del decir le asegura un lugar de preferencia en quienes desean apreciar algo diferente.

I have read the text several times and since the first time, I felt the emotion of the writing of the other, the indigenous, the native, the black man, the man of color. Terms lacking their peculiar meaning because it's all about the colonized, the replacement of the master, the one who has no right to name himself, the one who does the essential work, the named by the Master of the place. They ripped of the original mark, whose shadow lives on things.

This collection of poems earns its value from a cinematography of the oppressed. Someone who can write the narrative of the defeated as a victory of the poetic reason. It's not about the ally, the character that flees and gets killed, or that rebels and is at the fate of the lost maroons of the old Hispaniola colony. A lost paradise, turned into a homeland or into the bed of a suspicious hope. The main character is a free man who writes the tragedy of his people from his own code. He is an exile who commits the original sin of returning to the ancient paradise in search of his mortuary roots, to exorcise the demons with an epic poem. The poet, Juan Paulo Huirimilla Oyarzo, lights up the jungle, the lost forest, the rivers. He lights up the result of dispossession like a desert bequeathed by post-modernity.

I regard the publication of this text as the triumph of an alternative literature written from those spaces where the culture of the oppressed has failed. I recommend reading *Ossuary* because it inaugurates another dimension of the poetic: it's revealing, it's seductive and it's contagious. The strangeness of the telling ensures a place of preference for those who wish to appreciate something different.

HOMBRE MUERTO

«Es preferible no viajar con
un hombre muerto»

Henri Michaux

DEAD MAN

"It is preferable not to travel

with a dead man"

Henri Michaux

Amanezco en un viaje

veo por entre vidrios cómo desaparece

el bondadoso bosque que conoce mis pasos

el desierto alumbra solitario

y la mirada de otros aparecen

al cruzar el túnel del infierno.

Vaqueros disparan al siervo

y a hombres montados a caballo.

Se detiene el tren a carbón.

Yo vuelvo a la aldea más mortuoria de todas

en que se construyen

ataúdes por doquier.

Pendencieros sospechan de mí

Un caballo alazán levanta sus pisaderas

alguien me apunta con un WINCHESTER MODEL 1866

fantasmas me señalan sin decir mi nombre

pido lo amargo del ser

rehuyo de los taberneros

cojo una florista de papel

HOMBRE MUERTO

I awake on a journey

I see through the glass how it disappears

the kind forest that knows my steps

the desert shines lonely

and the eyes of others appear

when crossing the tunnel of hell.

Cowboys shoot at deer

and at men on horseback.

The coal train stops.

I go back to the deadliest village of all

in which they construct

coffins everywhere.

Troublemaker suspect me

A sorrel horse raises its footsteps

someone points a WINCHESTER MODEL 1866 at me

ghosts mark me without saying my name

I ask for the bitterness of being

shun the tavern keepers

I apprehend a paper florist

Iluminada por un candil

su mirada me devuelve a lo oscuro.

Dispara el otro en nuestros dos corazones

su sangre júntase con la mía.

Yo gatillo la palabra realidad

para morir este espectro

una fugaz estrella alumbra mi huida

con Nadie mi redentor

quien me habla con el lenguaje

Invisible.

Despierto con un cuchillo en mi pecho

mis redentores cabalgan detrás

de mi luz

mientras Nadie coloca

greda en mi follaje.

Piedras circulares hablan con la iluminación de la noche

sobre mi nombre y mi decir:

«algunos nacen en el dulce encanto»

¡oh! Muerte

HOMBRE MUERTO

Illuminated by a lamp

her gaze returns me to the dark.

Shoot the other in our two hearts

her blood meets mine.

I trigger the word reality

to die this specter

a fleeting star lights my flight

with Nobody as my redeemer

who speaks to me in an

Invisible language.

I wake up with a knife in my chest

my redeemers ride behind

of my light

while Nobody places

clay in my foliage.

Circular stones speak with the lighting of the night

about my name and my saying:

"some are born in the sweet charm"

Oh! death

cuyo trueno avanza por entre

ojos del vacío

he de observar el osario del animal

cuya lucha es el tiempo.

Mi infinito es hurgar en lo precario del ver

escribir la vida con lo oscuro de las palabras

por eso pregunto al espíritu de la nada

si las cosas ocultan su primer lenguaje.

He comenzado a caminar por la noche

sin el humo del tabaco

sólo lumbre y el filo de un cuchillo.

Mi rostro suele aparecer entre árboles

por la muerte de aquellos que dejaron de soñar

como aquel niño negro que sangra

en un pozo de agua.

Abuelo Latúe qué es lo que ve Nadie

El rostro de Blake muerto en sí:

—ahora os maquillo Williams

con las cenizas de las estrellas—

HOMBRE MUERTO

whose thunder goes through

eyes of emptiness

I have to observe the ossuary of the animal

whose fight is time.

My infinity is to delve into the precariousness of seeing

writing life with the darkness of words

So that's why I ask the spirit of nothingness

if things hide their first language.

I have started walking at night

without tobacco smoke

only fire and the edge of a knife.

My face usually appears among the trees

for the death of those who stopped dreaming

Like that little black boy who bleeds

in a water well.

Grandpa Latue who is what Nobody sees

Blake's dead face in himself:

—now I paint you up Williams

with the ashes of the stars—

No he comido ni bebido

por eso veo lo innombrado

duerme poeta aquí mi manta

y el follaje de este mundo

yo callejearé por los códigos del bosque.

Hacia dónde caminas Nadie

miro hacia arriba y suelo ver

cortarse las nubes:

mi poesía ahora es disparar

y hacer morir :

«algunos nacen en la noche eterna»

mira cómo burbujea sangre en su cabeza

en momentos en que un aguilucho grita

el caballo pase y los coyotes nos persiguen.

He tenido la visión de seres que cuidan el bosque

huelo huellas

rodeo mi potro

y disparo el Winchester por ahora de nuestro lado

a los seres que me clavan el hierro dulce.

HOMBRE MUERTO

I have not eaten or drunk

that's why I see the unnamed

poet sleeping here my blanket

and the foliage of this world

I will wander through the forest codes.

Towards where you are walking No one

I look up and usually see

the clouds cutting:

my poetry now is to shoot

and to make die:

"Some are born in eternal night"

Watch how the blood bubbling in his head

at times when a harrier screams

the horse passes and the coyotes chase us.

I've had the vision of beings that take care of the forest

I smell footprints

I circle my foal

and shoot the Winchester for now on our side

to the beings who nail the sweet iron to me.

Cómo tocar el cervatillo muerto
oler mi sangre que es mi entrada
a su mundo
sacar el sombrero para dormir
junto a él
en el mismo espacio y tiempo
con que doy vueltas al mío.
Nadie me guía hacia el río de arriba
para cruzar el espejo en que se une
el mar y la tierra.
Yo soy el celaje del rayo de sol
que brilla como el oro
les digo:
vuestra sombra va por detrás de ti
lo oscuro de la poesía que permite
que tu ser vuelva al mar.
Nadie mi claridad no dispara
sólo aconseja y pide tabaco
para lo invisible.

HOMBRE MUERTO

How to touch the dead fawn

smells my blood which is my entrance

to their world

take off the hat to sleep

with him

in the same space and time

with which I return to mine.

No one guides me to the river above

to cross the mirror in which joins

sea and land.

I am the clouds of the sunbeam

that shines like gold

I tell you all:

your shadow is behind you

the darkness of poetry that allows

that your being returns to the sea.

No one my clarity does not shoot

just advise and ask for tobacco

for the invisible.

Nadie ha visionado desde la luz:

«algo de humo y fuego

para cruzar por el espejo».

Disparo a los infiernos

mientras libera

a los caballos de la razón.

Vuelven hacia mí

metales del crucificado romano

ufa el caballo pintado

huelo mi sangre en la otra canoa

de viaje hacia el oriente.

Mi sangre estila

en la canoa con que cruzo

la oscuridad del follaje.

Mi sombra sigue con su contracanto

los animales la nombran e indican su mirar

de este viaje el mundo sabe

que he cruzado al otro lado de lo dicho.

Nadie me guía hacia su aldea

No one has seen from the light:

"Some smoke and fire

to cross through the mirror."

I shoot at the hells

while releasing

the horses of reason.

They come back to me

metals of the Crucified roman

ufa the painted horse

I smell my blood in the other canoe

in my trip to the east.

My blood drips

in the canoe that I cross

through the darkness of the foliage.

My shadow continues with its paradox

animals name her and indicate her looking

from this trip the world knows that

I've crossed to the other side of what has been said.

No one guides me to their village

donde aún arde el fuego

primero de la memoria.

Uno de los suyos me reconoce

Habla a mi guía

por la boca de un pájaro.

En angarillas el otro miramiento de la muerte.

Suelo respirar y levantar la cabeza

En espera de la canoa marina.

Escucho gaviotas y gaviotones

gritar alrededor de mi circular.

El rostro de Nadie alejarse

con el disparo

de su y mi misma sombra.

Las nubes dan vuelta

yo sólo me adentro al mar

Donde existe sólo marea

para luego ser

águila del sol.

HOMBRE MUERTO

where still burns the first

fire from memory.

One of them recognizes me

Speak to my guide

through the mouth of a bird.

In wheelbarrows the consideration of death.

I usually breathe and lift my head

Waiting for the marine canoe.

I hear seagulls and gulls

scream around my circular.

The face of Nobody walks away

with the shot

of his and my own shadow.

The clouds turn

Only I enter the sea

Where exists only the tide

to later to be

eagle of the sun

OSARIO

«Es preferible no viajar con
un hombre muerto»

Henri Michaux

OSSUARY

"It is preferable not to travel

with a dead man"

Henri Michaux

Adónde dices que me llaman anciana

Lucila Godoy Alcayaga

el gran espíritu nos hace entender

el porqué del nacimiento del búfalo blanco.

Hoy seremos nuevamente una manada.

Es el momento en que todos pueblos

vuelven a decir

alrededor de su circular.

¡oh! adónde dices que me llaman

eco de mi voz.

Y vosotros qué hacen aquí en Quilacahuín misión

qué cronista abre la página

del río de arriba que flotar el cuerpo ha

tomar esa voz de Rahue

cadáver de agua

qué Yancacura encubre lo transterrado.

Dónde **José Mateo Vidal Panquilef:**

—tuve un sueño que venían cueros sin mordiente

trilkewekufü que le nombran—

Where do you say they call me Elder

Lucila Godoy Alcayaga

the great spirit makes us understand

the reason for the birth of the white buffalo.

Today we will be a herd again.

It is the time when all peoples

say again

around your circular.

Oh! where do you say they call me

echo of my voice.

And what are you doing here in Quilacahuín mission

which chronicler opens the page

from the river above that floating the body has

take that voice from Rahue

a corpse of water

what Yancacura conceals the exiled.

Where **José Mateo Vidal Panquilef**:

—I had a dream that came leathers without mordant

trilkewekufü they name it—

Cuándo **José Abelino Runca**:

—cruzaba el toro debajo del vaho

se vieron burbujas

hundir nuestra marina embarcación quiso—

Cerca de la barra espumosa

habita el osario del hombre.

Quién **José Panguinamün Ailef**:

Que no ves lector la cordillera

llover sangre

el copihue rojo en el cielo ve

enredarse en mis ropajes.

Por qué **Teobaldo J. Paillacheo Catalán**:

—ya no podemos cazar el león

arrebatar su hígado y hacer azul

para el jefe de la comunidad—

En qué lugar **José Ligorio Neicul Paisil**:

—os digo que este es mi contrapunto

de cómo las cosas son en el ser—

Luces rodean la borda de un bote

When **José Abelino Runca:**

— crossed the bull under the fog

bubbles were seen

to sink our marine boat they wanted —

Near the foamy bar

inhabits the ossuary of man.

Who is **José Panguinamün Ailef:**

That you don't see the mountain range

raining blood

the red copihue in the sky sees

me get tangled up in my clothes.

Why **Teobaldo J. Paillacheo Catalán:**

— we can no longer hunt the lion

To snatch his liver and make it blue

for the head of the community —

Where is **José Ligorio Neicul Paisil:**

— I tell you that this is my counterpoint

of how things are in being —

Lights surround the side of a boat

que balsea hombres que no orillan.

El ómnibus bordea Kantiamo

Kantiamo, Pupañimo, kitxa kitxa

donde la contra es beber

hojas de maqui dadas vuelta

crecer así de espaldas al mundo

al miramiento de las palabras.

Cómo **José Ricardo Huenuman:**

—en agua fría hijo con el primer rocío

acaricia a tu madre—

Oír cómo se duerme el fuego

del entierro

brillar por entre cercas.

Qué **Reinaldo Huenuqueo Almonacid:**

—el pinal se llevó un pedazo

de nuestros huesos—

Viene entrando un tiburón con boca caída

por la barra donde espumea el hombre.

who ferries men who don't reach shore.

The bus skirts Kantiamo

Kantiamo, Pupañimo, kitxa kitxa

where the cons are drinking

turned maqui leaves

grow like this with your back to the world

to the tact of the words.

How is **José Ricardo Huenuman:**

— in cold water son with the first spray

caress your mother —

To Hear how the fire of the burial

fall sleep

shine through fences.

What is **Reinaldo Huenuqueo Almonacid:**

— the pine forest took a piece

of our bones —

A shark with a dropped mouth has been entering

by the bar where the man foams.

Haz huella con el timón

tuerce y huye

da vueltas

que no te alcance la sombra

del animal encanto.

Hay ahí coleando el mundo

una casa donde manejan el arte

donde hacen blanquear

el ojo del ser

para luego huir fuera del horizonte.

Para qué **Mario Fernández Acum:**

—he quebrado el mal

con una rama de hinojo—

Aquí no hay isla sólo un ojo de mar

esperando entrar por el río del cielo

en cuyo lomo navega el hombre

con sus estacones de paria.

María Bustamante Llanquilef:

a propósito de qué nombras a tus muertos

Make a mark with the rudder

twist and flee

go around

so that the shadow of the animal charm

does not reach you.

There are, wagging the tail to the world

a house where they handle art

where they whiten

the eye of being

to later run away from the horizon.

What for **Mario Fernández Acum:**

—I have broken evil

with a fennel branch—

There is no island here, just an eye of the sea

waiting to enter the river of heaven

on whose back man sails

with its pariah stalls.

María Bustamante Llanquilef:

what do you deliberately name your dead

desenterrados en el agua

volver quieren al mar

no al foso

en que el wekufü guarda

el espíritu sin mirar.

Adónde dice que me llaman memoriosa

este río avanza con nudos

en su mirada.

Yo como no soy Diaguita

ni he viajado por Chile Mapu

anclo con islas

rodeado de tiburones ahora

para soñar elevando mi cuerpo

por arriba de las cercas.

Adónde dices que me llaman madre vieja

ya voy orillando el Rahue

y he visto

de las estrellas su reflejo

en el hablar de los pájaros.

unearthed in the water

they want to return tosea

not to the pit

in which the wekufü keeps

the spirit without looking.

Where does it say they call me record keeper

this river advances with knots

in its gaze.

Because I am not Diaguita

nor have I traveled through Chile Mapu

I anchor down on islands

surrounded by sharks now

to dream of raising my body

over the fences.

Where do you say they call me old mother

I am already skirting the Rahue

and I've seen

from the stars its reflection

in the talking of the birds.

Un espíritu que se ha encantado
en la roca viaja a lo inmaterial
de la cordillera pelada.
Contesta **Luis Sergio Aros Quinchamán**:
—vengo a hablar contigo
desde arriba del agua—
Mi nao navega con un sueño en la proa
para anclar en el límite del mundo
de unos ancianos que dicen:
—cambia esa agua hijo
pues es el espíritu del cielo azul que habla, son tus
                                              [antepasados—
Vea este osario tapado por la neblina
aquí donde el río viaja hacia el mar
se junta con la espuma que guarda
nuestras heridas.
Adónde me llevas memoriosa
a la fosa en cuyo fondo
habita el hombre y un árbol
florecer aún.

A spirit that has been enchanted

on the rock as he travels to the immaterial

of the bare mountain range.

Luis Sergio Aros Quinchamán answers:

— I come to talk to you

from above the water —

My ship sails with a dream in the bow

to anchor at the edge of the world

from some elders who say:

— change that water son

because it is the spirit of the blue sky that speaks,

                        [they are your ancestors —

Look at this ossuary covered in mist

here where the river travels to the sea

meets the foam that keeps

our wounds.

Where are you taking me record keeper

to the pit at the bottom of which

inhabits man and a tree

whom still flourish.

A qué tipo de agujero.

Así Antonio Oyarzo Vargas el abuelo de Chaulineck

[dijo:

— soñé que me había ido en un bote

al otro lado el botero esperaba

vino por mi llamado

yo fui solo

alguien empujó —

Sé que mis hijos hoy se reunirán

volverá Pedro vagabundo desde Argentina

estará cruzando la frontera

por el lado de Neuquén.

A destiempo mis nietos sumergen sus bocas

buscándome en la oscuridad

del agua y el bosque.

Paso por grandes lluvias ahora.

Mis remos se sumergen en el río

quedo encantándome

en la roca que habla.

OSARIO

What kind of hole.

Thus, Antonio Oyarzo Vargas Chaulineck's grandfather

[said:

—I dreamt that I had left in a boat

on the other side the boatman waited

came by my call

I went alone

someone pushed —

I know that my children will meet today

Pedro tramp will return from Argentina

He will be crossing the border

on the Neuquén side.

At the wrong time my grandchildren submerge

[their mouths

looking for me in the dark

of the water and the forest.

I pass through heavy rains now.

My oars dive into the river

I am enchanted

on the talking rock.

Cruz con harina en la cabeza de una oveja

me sonríen sus ojos

yo le doy mi palabra.

Y los **Leveque**:

—un pihuel cae sangrando en mi ojo—

Oí caer el clavicordio

pues este es otro tiempo

el fuego que nos alumbra sigo

hasta el vacío.

Del otro lado está pronto

a salir el sol

hay que pedir al espíritu de la piedra

que aún nos habla

llegar a ella con el botero

y un caballo blanco como una llamarada.

Voy detrás empujando la embarcación

que mi abuelo ha soñado

toda la isla lagrimea

vestiduras negras sus mujeres

en mis adentros silencios.

Cross with flour on the head of a sheep

their eyes smile at me

I give it my word.

And the **Leveque:**

—a pihuel falls bleeding in my eye—

I heard the clavichord drop

well this is another time

The fire that conceives I keep

to emptiness.

On the other side is soon

the sun rises

we must ask the spirit of the stone

that still speaks to us

and reach her with the boatman

and a white horse like a flare.

I'm behind pushing the boat

that my grandfather has dreamed of

the whole island tears

its women dressed in black robes

in my insides silences.

Escucha el agua del espejo
atravesar el sol.
Ustedes conocen el espíritu
cuya hoja guarda la niebla
del que golpea el corazón
del ser del mundo.
Con una piedra relámpago
acompaña el agua deste ser
antes que aparezca el lucero del alba.
En las Juntas se une
el río de arriba
con aquel que trae greda
en su oleaje
ahí los huesos de los desaparecidos
brillan con el sol del otoño
justo en el momento
en que una bandada de garzas
corta nubes y lluvia
más abajo en Yancakura se alza Kai Kai

Listen to the water in the mirror

go through the sun.

You know the spirit

whose blade keeps the mist

from the one who beats the heart

of the being of the world.

With a lightning stone

accompany the water of this being

before the morning star appears.

In the meetings it joins

the river above

with the one who brings clay

in its surf

there the bones of the disappeared

shine with the autumn sun

just in the moment

in which a flock of herons

cuts clouds and rain

further down in Yancakura stands Kai Kai

y Tren Tren lo mira desde Kofalmo

con un anciano vestido de lanar

que grita Txen Txen

para que no suba nuevamente el mar

como una gran ola

al mundo de los vivos y muertos

en que el tiempo es un espiral

de cenizas

que removemos para el decir.

and Tren Tren looks at it from Kofalmo

with an old man dressed in wool

who screams Txen Txen

so that the sea does not rise again

like a big wave

to the world of the living and the dead

in which time is a spiral

of ashes

that we remove for saying.

CIRCULAR

Manuel Chamorro Llaguel:
El río baja orillando los árboles
Trae la memoria de mis abuelos
Que se reflejan en el agua.

Pedro Llanco Catrinelbún:
El canto de pájaros anuncia
Que el silencio de la noche
Ha terminado.

Víctor Molfiqueo:
Bajo con mis mayores a buscar
Fuerza del agua:
Pido al ser que la cuida permiso para beber.

Alberto Colpihueque:
¡Oh! Ser de Contaco río
He escuchado tu murmullo
En mis sueños celestes.

Luis Melimán Marín:
Nos alimentamos antes de salir
Conversamos con el anciano que cuida las olas:
Te traemos harina y muday.

José Tranamil Pereira:
Los peces dan vuelta por la borda
En las rocas Pukatxiwe:
Arrojo el primer espinel al mar.

Francisco Lincopán Calfulaf:
Un tiburón rodea la embarcación
Oigo a mi abuelo decir:
Arroja hijo botellas para que se vaya.

CIRCULAR

Manuel Chamorro Llaguel:
The river goes down along the trees
Bringing the memory of my grandparents
Which is reflected in the water.

Pedro Llanco Catrinelbún:
The singing of birds announces
That the silence of the night
Is over.

Victor Molfiqueo:
I go down with my elders to look
Water force:
I ask the one who cares for her permission to drink.

Alberto Colpihueque:
Oh! Being from Contaco river
I've heard your murmur
In my heavenly dreams.

Luis Melimán Marín:
We feed ourselves before leaving
We talk to the old man who watches over the waves:
We bring you flour and muday.

José Tranamil Pereira:
Fish turn overboard
On the Pukatxiwe rocks:
I throw the first spinel into the sea.

Francisco Lincopán Calfulaf:
A shark surrounds the boat
I hear my grandfather say:
Throw son bottles so it leaves.

Jaime Millanao Canihuán:
El sol está arriba de nuestras cabezas
Señales para el descanso:
La naturaleza libera energías.

Pedro Colpiante Caihuán:
Levantamos pesca
Los primeros ojos de Cai Cai:
Los Anzuelos no se enredan.

Héctor Marillán Becerra:
Salir en busca del agua
En las costas:
El sol declina de su circular.

Humberto Rantul Gotchlich:
Buscamos el puerto de Bahía Mansa
Antes que aparezcan estrellas
Entre lo oscuro y claro.

Alfredo Levicoy Emelcoy:
El lucero de la noche aparece:
La luna menguante bajo su cabeza
Alumbra su brillar.

Francisco Millahuinca Araya:
Bebo el líquido recogido en la mañana
Y escucho aconsejar a mis abuelos:
No salgas de noche muchacho está sensible la naturaleza.

Juan Raimindo Colipán:
Sueño con el río del cielo
El agua de los estanques
Que van hacia el mar.

Jaime Millanao Canihuán:
The sun is above our heads
 It shows signs for rest:
Nature releases energies.

Pedro Colpiante Caihuán:
We rise to fish
Cai Cai's first eyes:
Hooks do not tangle.

Héctor Marillán Becerra:
Go in search of water
On the coasts:
The sun declines from its circular.

Humberto Rantul Gotchlich:
We are looking for the port of Bahía Mansa
Before the stars appear
Between dark and light.

Alfredo Levicoy Emelcoy:
The night star appears:
The waning moon under his head
Lights up your shine.

Francisco Millahuinca Araya:
I drink the liquid collected in the morning
And I hear my grandparents advise:
Don't go out at night boy nature is sensible.

Juan Raimindo Colipán:
I dream of the river of heaven
water in the tanks
That go to the sea.

Celia Malihuén Trivilao:
En los techos de Maicolpi
La garúa cierra el puerto
La neblina se levanta entre rocas.

José Pichún Cayul:
Se nubla el lucero del amanecer:
Tomo hierbas dejadas
En el sereno.

Celia Malihuén Trivilao:
On the roofs of Maicolpi
The drizzle closes the port
The mist rises between rocks.

José Pichún Cayul:
The morning star is fogged:
I take leftover herbs
In the dew.

CORRIDO SIN ROSTRO

Corrido Sin Rostro es el que
escuchas debajo del pasamontañas
Domingo Huenul Huaiquil
Hasta que los otros se
saquen las máscaras
José Melipillán Llancapani
Por eso marchan con un pañito blanco
amarrado en la punta del fusil
Manuel Cheuquelao M.
Los hijos del maíz los verdaderos
los Sin Rostro como usted:
Paula Loncomilla Balcazar
como también nuestro hombre de
madera
José Pailamilla
Que tampoco tiene los
ojos pero ve con el cerebro:
Licán Colpihueque
Y que plantamos afuera de la
Casa
Para que salga el sol:
Manuel Melín Pehuén.

Postscriptum: Los nombres enunciados en el poemario co-
rresponden a detenidos desaparecidos y ejecutados
políticos de la dictadura 1973-1989, que siguen y suman a la
fecha en el Chile Neoliberal.

CORRIDO WITHOUT FACE

Corrido Sin Rostro is the one that
you listen under the balaclava
Domingo Huenul Huaiquil
Until the others
take off their masks
José Melipillán Llancapani
That is why they march with a white cloth
tied at the tip of the gun
Manuel Cheuquelao M.
The children of corn the true ones
The faceless ones like you:
Paula Loncomilla Balcazar
as well as our wooden
man
José Pailamilla
Which does not have
eyes but sees with the brain:
Licán Colpihueque
And that we plant outside the
House
For the sun to rise:
Manuel Melín Pehuén.

Postscript: The names enunciated in the poetry collection correspond to disappeared detainees and political executives of the 1973-1989 dictatorship, who continue and add to date in Neoliberal Chile.

MEMORIA

La memoria es un tren que recorre caminos
porque un tigre quiere cortar sus ojos.

Este es el tren con sonsonete y murmullo
De una aldea de un pueblo fantasma.

Una de geranios
Que se encienden en lo desolado.

Un tren persiguiendo lluvias
Esperando la llegada del estío.

Deberían guardar cenizas de carbón
Que lo hace caminar desnudo.

La niña que le acompaña no despierta
Alguien le ha escondido los zapatos.

Pero la memoria es también una isla
Cuyo primer hijo nace con ojos sin brillar.

La menor de mis hermanas toca con un bastón
La casa de mi infancia para así despertar.

El hijo de mis ojos llega con la menos querida de todas
A buscar el árbol plantado con tres luceros

Amargos y dulces como un celaje es también
Nuestra historia de otoño.

Mi sueño ha sido ver un pez orillar playas
Como el poeta del chelo cuyo fin es interpretar a Beethoven.

Mi mismísima queda varada en una canción de Cecilia
Ahora en los 90, mientras un cóndor se encoge en su sitio.

MEMORY

Memory is a train that travels roads
because a tiger wants to cut its eyes.

This is the train with singsong and whisper
From a ghost town village.

One of geraniums
That light up in the desolate.

A train chasing rains
Waiting for the arrival of summer.

They should save coal ashes
That makes him walk naked.

The girl who accompanies him does not wake up
Someone has hidden her shoes.

But memory is also an island
Whose first child is born with eyes not shining.

The youngest of my sisters hits with a cane
My childhood home to wake up.

The son of my eyes arrives with the least beloved of all
To look for the tree planted with three stars

Bitter and sweet as a cloudscape is also
Our fall story.

My dream has been to see a fish shore on beaches
Like the cello poet whose purpose is to play Beethoven.

My very own is stranded in a song by Cecilia
Now in the 90s, as a condor shrinks in place.

JUAN PAULO HUIRIMILLA OYARZO

Dos estrellas aparecen en mis oídos
Que borran este recuerdo de fin de mundo.

Mis mayores hablan de un tigre azul
Que recorre aún la cordillera.

Yo sigo dando fuego y cigarros al mudo de la esquina
Y recojo libélulas muertas del ventanal

Espero también al espíritu cambie el viento
Que viene acercándose con una oveja negra.

El tabernero me ha mostrado la casa celeste
Cuyas luces se encienden en un árbol

Extraña y lejana de aquel cuadro guardado
Del púgil «Pega Martín» en el gimnasio México.

Ver al tabernero separar mi sombra
De un golpe inmensamente invisible.

La locomotora 73 sale de viaje
Se despega del andén isla

En la sala de espera tercera clase
Escucho el tiempo de una estación envejecida.

Verdad es la vida detenida en un coche de agua
Una nave que no regresa a su propia casa

Ver el aljibe y su isla cubierta de escarcha
La lluvia del rastrojo y su encabalgamiento

La luz del tren del sur se acerca como un botero
Al hijo que ha escuchado al padre en su sueño

El padre cobra su pensión con terno azul
En el seguro social piensa en sus papas y canastos.

MEMORIA

Two stars appear in my ears
That erase this memory of the end of the world.

My elders talk about a blue tiger
That still runs through the mountains.

I keep giving fire and cigarettes to the dumb of the corner
And I pick up dead dragonflies from the window

I also wait for the spirit to change the wind
That comes approaching with a black sheep.

The innkeeper has shown me the light blue house
Whose lights turn on in a tree

Strange and far from that saved picture
From the boxer "Pega Marín" at the Mexico gym.

To see the innkeeper separate my shadow
In an immensely invisible blow.

Locomotive 73 goes on a journey
Takes off from the island platform

In the third-class waiting room
I listen to the time of an aging season.

Truth is the life detained in a water car
A ship that does not return to its own home

See the cistern and its frost covered island
The stubble rain and its hoofing

The light of the southern train approaches like a boatman
To the son who has listened to the father in his dream

The father collects his pension with a blue suit
In Social Security, he thinks about his potatoes and baskets.

La poesía es un viaje de regreso
Un espíritu que habita en las cosas.

Todo está en eso invisible
En un camino de tierra contrario al reloj.

Mi bote azul vara cerca en un monte de cerezos
Cuyo único tripulante eres tú oidor.

Anclar en esta casa sin entierros
Transportar animales, chicha y vasijas.

El hijo cruza el balseo sin gritar
Al alma habitada en la otra orilla.

La chilena que sale al baile nos observa
Mientras mis amigos imitan a Cantinflas y Michel Jackson.

Yo callejeo frente a la gitana llamada espejo
Que me sonríe con sus dientes de oro.

Nuestra memoria hoy es cruzar el bosque
Donde hay solo un camino y muchas huellas

Con la felicidad de estar uno junto al otro
Con el mismo sonido de los árboles

Con pájaros hablándonos en medio del agua
Olores y el lenguaje del silencio

Repartido en antepasados que aparecen
En arroyos, estrellas, fogones y cocinas

También en los bares de la memoria
Todo como heridas que maduran y se secan:

MEMORIA

Poetry is a trip down memory lane.
A spirit that dwells.

Everything in it is invisible
On a dirt road counterclockwise.

My blue boat stranded nearby on a mountain of cherrytrees
Whose only crew member is you listener.

Anchor down in this house without burials
Transport animals, chicha and vessels.

The son crosses the ferry without screaming
To the soul inhabited on the opposite shore.

The Chilean who goes out to the dance watches us
While my friends imitate Cantinflas and Michel Jackson.

I wander in front of the gypsy girl called mirror
That smiles at me with her golden teeth.

Our memory today is to cross the forest
Where there is only one path and many footprints

With the happiness of being next to each other
With the same sound of the trees

With birds talking to us in the middle of the water
Smells and the language of silence

Spread over ancestors who appear
In streams, stars, stoves, and kitchens

Also in the bars of memory
Everything is like wounds that mature and dry:

Acerca del Autor

Juan Paulo Huirimilla Oyarzo, nació en la isla de Calbuco (Chile) en 1973. Ha publicado *El ojo de vidrio* (Ed. Kultrun, Valdivia, 2001), *Cantos para niños de Chile* (Ulmapu ed., 2005, Palimpsesto, 2005). Editor del libro antológico *Cantos de guerrero* (Lom ediciones, 2012) y sus textos han sido incluidos en los libros antológicos: *Poesía para el siglo XXI. 25 poetas, 25 años* (Dibam, Santiago 1996), *Futawillimapu* (Osorno, 2001), *Papeles en el claroscuro* (Valparaíso, 2003), *Wiluf elkantun mapu / El canto luminoso de la tierra* (Ser indígena, Santiago, 2001), *Epu mari ulkantufe fachantu / 20 poetas mapuche contemporáneos* (Lom, Santiago, 2003), *Cantares* (Lom, Santiago, 2004), *Espejo de tierra / Earth Mirror* (Camberra, 2008) y *Poetry of the Earth: Mapuche Trilingual Anthology* (Queensland, 2014).

Sus textos han aparecido en las revistas: *Ciudad circular y Palabra de mujer* (Valdivia), *Pewma* (Temuco), *Araña gris* (Calbuco), *L'Ordinaire Latino-Américain* (Francia), *Rabit, Heat* (Australia) y *Revelarte* (Colegio de Profesores de Chile, filial Puerto Montt). Huirimilla ha escrito ensayos y artículos para los periódicos: *Mapuche kimun y Azkintuwe* y ha publicado entrevistas para *Alpha*. Ha sido traducido parcialmente al inglés, catalán, alemán, holandés y gallego.

Actualmente trabaja en educación como profesional en el área de lenguaje del DAEM y en el Departamento de Pedagogía en Artes de la Universidad de Los Lagos, en Puerto Montt.

About the Author

Juan Paulo Huirimilla Oyarzo was born on the island of Calbuco in 1973. He has published *El ojo de vidrio* (Ed. Kultrun, Valdivia, 2001), *Cantos para niños de Chile* (Ulmapu ed., 2005, Palimpsesto, 2005). He has been the editor of the anthological book *Cantos de guerrero* (Lom ediciones, 2012) and his texts have been included in the anthological books: *Poesía para el siglo XXI. 25 poetas, 25 años* (Dibam, Santiago 1996), *Futawillimapu* (Osorno, 2001), *Papeles en el claroscuro* (Valparaíso, 2003), *Wiluf elkantun mapu / El canto luminoso de la tierra* (Ser indígena, Santiago, 2001), *Epu mari ulkantufe fachantu / 20 poetas mapuche contemporáneos* (Lom, Santiago, 2003), *Cantares* (Lom, Santiago, 2004), *Espejo de tierra / Earth Mirror* (Camberra, 2008) y *Poetry of the Earth: Mapuche Trilingual Anthology* (Queensland, 2014).

His texts have appeared in the magazines: *Ciudad Circular and Palabra de mujer* (Valdivia), *Pewma* (Temuco), *Araña gris* (Calbuco), *L'Ordinaire Latino-Américain* (Francia), *Rabit, Heat* (Australia), and *Revelarte* (Colegio de Profesores de Chile, filial Puerto Montt). Huirimilla has also written essays and articles for the newspapers: *Mapuche Kimun* and *Azkintuwe* and interviews for *Alpha*. His poetry has been partially translated into English, Catalan, German, Dutch and Galician.

He is currently working in education (DAEM) as a professional in the language area of DAEM and in the career of arts pedagogy at the University of the Lakes, in Puerto Montt.

Amarumayu

Colección Amarumayu de poesía

La colección Amarumayu de poesía tiene el propósito de ser un canal de comunicación entre el poeta y el lector. *Amarumayu* es la palabra quechua para nombrar al río Amazonas. *Mayu* significa río y *Amaru* es serpiente y también deidad representada como una serpiente alada, así mismo, es el rayo o exhalación que cae del cielo. En la época incaica era totem de la sabiduría, ente comunicador entre el cielo y la tierra. El Amazonas es ese río serpiente que nace en los Andes y baña las montañas, valles, llanos, selvas y morichales de ocho países. Se va haciendo poderoso a su paso gracias a la confluencia de agua y vida proveniente de tantos lugares distintos. Representa a los pueblos no colonizados, salvajes e indomables: pueblos americanos que aún viven en sus riveras y se nutren de sus arterias, en el Sur, que es América.

Amarumayu Poetry Collection

The Amarumayu collection of poetry is intended to be a channel of communication between the poet and the reader. *Amarumayu* is the Quechua word to name the Amazon river. *Mayu* means river and *Amaru* means serpent and also a deity represented as a winged serpent, likewise, it is the ray or exhalation that falls from the sky. In the Inca era it was a totem of wisdom, a communicating entity between heaven and earth. The Amazon is that snake river that is born in the Andes and bathes the mountains, valleys, plains, jungles and morichales of eight countries. It becomes powerful in its path, thanks to the confluence of water and life from so many different places. It represents the non-colonized, wild and indomitable peoples: American peoples that still live on its banks and feed on its arteries, in the South, which is America.

Otros títulos de la colección Amarumayu

Fuego cruzado: *Antología épica / Crossfire: Epic Anthology*

Veinticuatro poetas se reunen por primera vez en esta antología épica bilingüe. Poemas vitales, en un río contínuo lleno de fuerza, que se atreven a soñar otras formas de vida. Épica porque hace falta ensalzar realidades alternativas a las versiones de la postmodernidad. Épica porque es el primer envase de la poesía. Épica, en suma, porque queremos construir una cabaña común.

Twenty-four poets meet for the first time in this bilingual epic anthology. Vital poems, in a continuous river full of strength, that dare to dream other forms of life. Epic because it is necessary to extol alternative realities to the versions of postmodernity. Epic because it is the first container of poetry. In short, epic, because we want to build a common cabin.

Jesús Sepúlveda, *Espejo de los detalles / Mirror of Details*

Espejo de los detalles no solo representa un desplazamiento geográfico y psíquico, sino también poético, permitiendo que el sujeto se invisibilice en el lenguaje para continuar su marcha más allá del tiempo y la muerte. Este nuevo libro de Jesús Sepúlveda ratifica a su autor como una de las principales voces poéticas vivas del continente.

Mirror of Details not only represents a geographical and psychic displacement, but also a poetic one, allowing the subject to become hidden in language and continue his walk beyond time and death. Illustrated by painter Ivotopia and translated by Elmira Louie, Jesús Sepúlveda's new book confirms its author as one of Latin America's major contemporary poetic voices.

Amado J. Láscar, *La misma lluvia por distintos cerros*

Cartografía

Quisiera que inventaran
el mapa de la vida
para saber en qué karma
estamos exiliados.

«Vale la pena enfrentarse al reto de leer la antología poética La misma lluvia por distintos cerros: Treinta años de poesía, 1983-2013. La poesía de Láscar se enriquece por su gran capacidad expresiva. Esta obra que desde ya es parte del acervo cultural del mundo, está unida a la suerte de un poeta que concibe el arte como una investigación sin límites, un autor polifacético, trabajador infatigable. Aquí se puede apreciar la máxima lucidez poética». Tomás Modesto Galán , York College, New York.

Luz Stella Mejía, *Etimológicas*

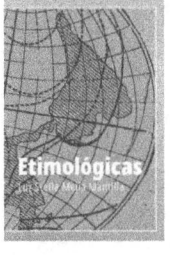

Empatía

Cruza un día tus fronteras y habítame.
Ven a ver el paisaje desde mi ladera,
vas a vestir mi piel y a caminar mis pasos.
Desamarra mis nudos y peina mis recuerdos
que mi dolor te estrujará desde tu entraña
y sólo así podrás llorar mis lágrimas.

«Luz Stella, rescata la máxima del gramático Melampo en sus comentarios a Dionisio de Tracia quien definía etimología como 'la desmembración de las palabras mediante la cual se aclara la verdad'. Luz Stella, poeta, empuñando la varita mágica de su hermosa poesía logra precisamente esto. La patria es pero no es. La matria es pero no es. La tierra es pero no es. Lo impedimos nosotros. Lo Podemos salvar, rescatar, recuperar nosotros. Mientras tanto, queda la Poesía, quedan estos poemas como espacio salvador possible». Juana Iris Goergen, DePaul University, 2019

"We will need writers who can remember freedom
— poets, visionaries —
realists of a larger reality."

«Vamos a necesitar escritores que puedan recordar la libertad
— poetas, visionarios —
realistas de una realidad más amplia».

Ursula K. Le Guin

EL SUR
ES
AMÉRICA

www.ingramcontent.com/pod-product-compliance
Lightning Source LLC
Chambersburg PA
CBHW051714040426
42446CB00008B/881